Dios y Margarita

Dios y Margarita

Margarita Nieves

Número de Control de la Biblioteca del Congreso de EE. UU.:   2014918098
ISBN: Tapa Dura   978-1-4633-9318-2
                 Tapa Blanda   978-1-4633-9317-5
                 Libro Electrónico   978-1-4633-9316-8

Este libro fue impreso en los Estados Unidos de América.

Fecha de revisión: 21/10/2014

Para realizar pedidos de este libro, contacte con:
Palibrio
1663 Liberty Drive, Suite 200
Bloomington, IN 47403
Gratis desde EE. UU. al 877.407.5847
Gratis desde México al 01.800.288.2243
Gratis desde España al 900.866.949
Desde otro país al +1.812.671.9757
Fax: 01.812.355.1576
ventas@palibrio.com
695964

ÍNDICE

DEDICACIÓN

Siempre le daré la gloria a mi salvador Jesús Nazareno. A mi linda familia, mis tres hijos Zee y Tito Nieves, Juan Carlos y Michelle Nieves, Mari Carmen y Vincent Amstrong, mis cuatros nietos Josiah, Zacarias, Jonathan y Abigail.

A mi sobrina Elizabeth Barreto y familia, como hija ella es familia. Otras hijas Espirituales Nydia Carantón de Colombia, por su dulce compañía a mi secretaria que Dios envió de Nicaragua que logro terminar este libro. Ella es un milagro, gracias Lucelia Almendarez y Aida Valido.

Mis hermanas Felita Álvarez familia en Puerto Rico, Irma Iris Abrahms y familia de Orlando Florida.

A Mis Pastores Y Congregación Centro Cristiano Latino Americano Pastores Nicolás Y Santia Rivera. Gracias a todos, amen.

INTRODUCCIÓN

El Titulo de este libro lo dedico a mi poderoso Dios. Con un sueño que de niña tuve, en el momento no lo entendía, luego de convertida, cuando le di mi corazón a mi Redentor Jesús, ese sueño se hizo tan real, que lo pude entender, que estaría en la mano gigante de mi Dios siempre. Así ha sido, tantos y tantos testimonios, como mi Dios, ha estado conmigo, o envía sus ángeles, yo soy testigo de ello, le creo a Dios siempre. Con mucho honor, le doy a Él toda la Gloria. Les doy un repaso de lo que ustedes, estarán leyendo en este libro. No todo es sufrir, llorar y lamentarse, todo tiene su tiempo, como dice la Biblia. De niña y jovencita, muy bonitos recuerdos, con una familia de ocho personas en la casa del Barrio Obrero de Arecibo, Puerto Rico. De jovencita de trece y catorce años en adelante de conquistas, romances, mi boda soñada. De señora, esposa y madre, tiempos maravillosos. Tiempos que me llegaron muy duros durante mi vida de casada.

Un cambio total, mi esposo en drogas, la usaba y la vendía, una infidelidad, que causo una separación por tres meses, y una demanda de divorcio, por mi parte, por el dolor que me causo. En la reconciliación quite esa demanda, luego tuve que orar a mi Dios. Me devolviera el amor por mi esposo, y poder perdonar la ofensa de infidelidad.

Conocer a Jesús, como mi personal salvador y redentor, el cambio de mi vida, la mudanza a New Jersey; dejándolo todo allá, trabajo, mi familia, mis amistades y la casita. Todo esto paso en Puerto Rico. Al llegar a este estado de N.J. empezar una vida nueva, con tres hijos pequeños. Siendo una mujer con fe nueva le creí a Dios, oraba y ayunaba, mis peticiones eran contestadas y mi gozo extraordinario. Gracias Dios.

Otra etapa de mi vida en New Jersey, fueron días, años de una vida con esperanza y fe. Mis niños que fueron a la escuela y los tres se graduaron y cada uno de ellos, fueron hombres y mujeres luchadores, no quejas ni mal comportamiento sino buenos, gracias a Dios. Mi esposo muy trabajador siempre, luchamos los dos por sacar la familia adelante. Como por 15 años la enfermedad de esquizofrénica lo ataca y a la edad de 48 años muere. Quedo viuda a los 50 años. Este es un repaso de lo que estarán leyendo en este libro, hay muchos testimonios gloriosos. Le doy la gloria a mi Dios.

REVELACIÓN DE SUEÑO: EN LA MANO GIGANTE DE DIOS

De jovencita tuve este sueño, encontrándome en la calle Caribe del Barrio Obrero de Arecibo P.R. (Puerto Rico) donde vivía. Una mano gigante me levanto y me coloco en esa mano gigante, suave. Una voz audible me hablo y me dijo, mira hacia abajo. Al mirar todo lo que veía, era pequeñito, como las casas, los carros, los hombres, los mares, las montañas como hormigas, oí la misma voz, todos están en mis manos ¿porque tanto orgullo, vanidad y pecado? No comprendía este sueño a esta edad tan inocente.

Con el tiempo comprendí que esa mano gigante me ayudaría y estaría conmigo, así ha sido en todas las etapas de mi vida. Es lo que le escribo en este libro, Dios y Margarita. Creo que tú, puedes estar en su mano siempre. Cree y confía en Dios.

BIOGRAFÍA DE LA AUTORA-
MARGARITA NIEVES

Mi nombre es Margarita Nieves González, nací en Arecibo, Puerto Rico. Crecí en un lindo barrio llamado, calle Caribe, Barrio Obrero. Con la vista del gran Mar Atlántico al frente, caminábamos a pies a disfrutar de las olas de este Mar. Detrás del barrio, la Carretera #2 éramos ocho de familia, mi papi Francisco Nieves, mi mami, Monserrate González, mi papi carpintero, mi mami, ama de casa y cocinaba muy rico. Mis tres hermanas lindas, Felicita, Cruz María, Irma Iris, y yo. Mis dos hermanos, Manuel y Carmelo. Mi mami nos decía que ella tuvo 16 hijos, unos murieron de pequeños y otros de enfermedades, quedamos solo seis hermanos. Como otras familias teníamos algunos problemas, mi papi era por tiempos un borracho, le gustaba el licor, mi mami se enojaba mucho, mas mi papi era tan lindo con sus hijas, le queríamos mucho, mi mami le tocaba darnos disciplina y nos enseñó el temor de Dios. Fuimos una familia pobre, más cuando mis hermanos mayores trabajaron, nos ayudaron. Poco a poco mejoramos a tener las cositas de la casa y ropa.

Mi niñez fue muy bonita, gracias a Dios por mi familia. Les contare mis etapas de niña de jovencita y señorita y mi linda boda soñada. Temporadas de mi vida buena y otras no muy buenas. Siempre fui una joven bien capacitada y tenía metas.

MARGARITA DE NIÑA

No recuerdo mucho mi etapa de niña, solo que era delgadita, blanca, pelo castaño ojos grandes, jugaba con mis vecinos, niños y niñas. Juegos en las acera, cuando llovía como nos gustaba saltar y reír. Brincar la cuerda, jugar a las maestras, yo era la maestra.

Con mis vecinos, cocinaba arroz blanco en latas en un fogón en el patio. El patio de mi casa tenía cuatro palmas de coco y comíamos mucho coco. Una casita de cartón en medio de una palma y la verja, con una pequeña escalera. Juegos al papá y mamá y niños. Todos tan sanos y muy hermosos recuerdos. En la escuela, recuerdo un niño que me amarraba la banda de mi vestido a la silla, y cuando yo me levantaba, se reían de mí. Que me decían mis hermanas cuando les preguntaba, porque hacían esto los niños, decían, cuando tú le gustas, llaman la atención, así. No lo entendía a esa edad, más tarde si lo entendía. Mi niñez fue muy bonita. Gracias Dios.

MARGARITA A LA EDAD DE 13 AÑOS EN ADELANTE

Recuerdo esa bella edad de 13 años en adelante, empezaba a gustarme los muchachos, se probó un día que llegaron a mi barrio unos jovencitos nuevos. Trajeron caballos y un día uno de ellos, paso por mi casa, que jovencito tan lindo, flaco y alto, él me dijo adiós, y yo le respondí el adiós. Se quedó impregnado mi corazón inocente de esa primera emoción romántica y el sintió lo mismo, me empezó a mandarme cartitas con su hermano. ¡Qué bello era sentir estar enamorada! Me decía, no contaba con el tiempo de llorar, el celo, el desvelo, por ver ese rostro cada vez. Experimente esas etapas, porque no todo se queda igual en la vida. Después del caballo, era la bicicleta, verlo desde el balcón pasar. Qué recuerdos, no se olvidan.

En ese tiempo, tan enamorada y feliz, mi papá vivía en un pueblo llamado, Waukegan Illinois, Chicago, le escribió una carta a mi madre, que nos mandaba a buscar, íbamos a viajar en avión a Chicago. Me compraron un traje muy bonito, unos zapatitos con tacos de señorita. Mas, me pasaba llorando, sentía mucha tristeza, dejar de ver ese hermoso amorcito." Puppy Love". Llego el día de viajar y el carro esperaba frente a la casa, mi lindo jovencito, en su bicicleta era para arriba y para abajo de la calle donde yo vivía, su mano diciéndome adiós y yo le respondía llorando. De camino al aeropuerto me decían, vas a ver tu papi y el resto de la familia, me alegre un poco.

Frente a la casa en Waukegan, Illinois 15 años

EN WAUKEGAN, CHICAGO

En este pueblo de Waukegan, era muy frio, me alegro mucho el viaje en avión, ver mi familia, al otro día me llevaron a matricular a una Escuela americana, todo en inglés. Me dejaron en el mismo grado de P.R. (Puerto Rico). Cuando ya empiezo la escuela, salía bajo un frio con nieve a pies, y unos muchachos traviesos me tiraban bolas de nieve, no lo entendía, llegaba a la casa llorando y le decía a mi mami, no me gusta estar acá, ella me consolaba. Más un día un muchacho de mi escuela, era mixto, ni blanco, ni moreno me acompañaba cada día. Dejaron de tirarme bolas de nieve. Mi mami lo invitaba a comer comida puertorriqueña y él le gustaba mucho.

Jardín de legumbres en la primavera, casa de
mi hna. Crucitaen Waukegan, Illinois.

Mientras pasaban los días, una amiguita de P.R. me escribía, y me contaba todo lo que estaba pasando con mi enamorado. Cambio mucho y lo veían con otras chicas y poco a poco me iba acostumbrando al pueblo. Al pasar al octavo grado, hubo un Prom (Baile de Graduación) y me compraron un traje de seda y una cola rosada (incluyo retratos). Aprendí el inglés y ayudaba a otras familias en sus matrículas. El noveno grado, era ya la high school en esa nueva escuela, era diferente las guaguas o buses. Me dieron un candado con combinación para el armario de guardar los libros y abrigos. No lo podía entender con la combinación y pasaba un muchacho puertorriqueño, y me dio ayuda. Se memorizo mi combinación y todos los días me metía en el locker cositas muy lindas, flores, pañuelos y notitas. Que lindos detalles. Él me confesó en mi cumpleaños de 15 años que estaba enamorado de mí, me pidió que me - casara con él-, le respondí,-¡no amigo, no quiero casarme tan joven!, quiero estudiar y luego trabajar y ayudar mi padres-. Mi primera oferta de matrimonio y le dije ¡no! Este pueblo de Waukegan tenía sus etapas de cambios de verano, primavera, otoño e invierno. Los árboles altos y muy verdes. Grandes lagos, que mi papi pescaba y toda la familia disfrutábamos, los parques con grandes montañas rusas, me gustaban mucho. Lo que más disfrutaba el Club Puertorriqueño, mi hermano Manuel me llevaba a bailar y era muy rico, porque me gustaba bailar, más que comer.

Como jovencitas, mi hermana y yo, teníamos muchos admiradores o enamorados. De familias que conocíamos y mis hermanos que conocían muchachos que preguntaban por nosotras. Eran muy divertidas las ofertas, era muy linda esa etapa de joven. Juventud preciosa a dónde se ha ido, las fuerzas y mis esperanzas se detuvieron, cuando mis años dorados llegaron. Gracias porque vinieron un día y las disfruté.

Después de conocer este pueblo de Waukegan, Illinois, esos casi tres años, con el nuevo idioma del inglés, empezamos hacer la transición de volver a nuestro barrio obrero, de solamente pensarlo, me llenaba de mucha alegría. Puerto Rico era y será la Isla del Encanto. Cada puertorriqueño, que tomó su café, sus frutas, sus frituras y su arroz con gandules con el lechón asado y toda rica comida, no se olvida y quiere regresar a ver sus bellas playas, sus perfumadas flores. Las gentes lindas, familia que te espera y las sonrisas de tus travesuras. ¡Borinquén querida!

Vestido Rosado con flores para el prom.

DE REGRESO A LA ISLA
DE PUERTO RICO

Papi le dice a mami, se regresan a P.R. casi tres años en Waukegan, que alegría volver a mi bella isla, volver a sentir ese aire del mar y puro al respirar. Llegando y ver los muchachos del barrio que, me decían, la americana, por haber estado en Chicago. No me gustó.

Al matricularme en la Escuela Jefferson del pueblo de Arecibo, la directora nos dice, que debo repetir el noveno grado, por no tener la clase de español. No me gustó, más mi meta era estudiar, y seguí adelante. El grupo del barrio de muchachas y muchachos esperábamos la guagua, bus en la esquina de la calle Ledesma. En el viaje a la escuela, siempre inventábamos juegos, éramos famosos con mansiones, como la de Liz Taylor, Elvis Presley, cada uno escogía un famoso. Las conversaciones eran, te invito a ver mi mansión, etc. Otro juego era jugar al papá y la mamá, buscaron un muchacho del grupo que hizo el papel del papá y yo la mamá. Nos dieron un aro y nos casaron, donde quiera que íbamos y ellos nos encontraban, gritaban, mami ¡écheme la bendición! ¿Dónde está papi?, ¿qué hace, mami?, ¿de compras? Solo era risas y chistes para ellos.

De este grupo del barrio, se une David e Israel, que pertenecían a la escuela vocacional, al lado de la escuela superior, ellos salía de su escuela más temprano y paraban en mi escuela para esperar por el otro grupo. Mas, yo notaba que un muchacho era más pegado a mí, que los demás, me cuidaba mucho y me compraba alguna cosita de camino al bus, a veces me pagaba el costo del bus. Un día una amiga mía me dice, Margarita-¡aquel muchacho que esta allá, te manda a decir, que si quieres ser su novia!- Este amigo del barrio, me abre los ojos grandes-¿y yo qué soy para ti? -No supe quién era el muchacho que quería ser mi novio.

Miró a mi amigo y le preguntó, -nunca he sabido que estás enamorado de mí, nunca te has declarado-, él contesta, -yo creía lo sabías, porque siempre estoy cerca de ti y te protejo-.- No sabía, perdóname-. -Ok, joven, eres bueno, guapísimo, me gustas, mas quiero hacerlo legal, tienes que pedirle mi mano a mi papi, como se acostumbra, le diré a mi papi que vienes hablar con él, el próximo domingo-. –Ok-, me responde. -Sabes que vengo enamorado de ti, desde que mi hermano te enviaba las cartitas conmigo-. Wow!

PRIMER NOVIO DE COMPROMISO

Este joven era muy bueno y cumplía con sus días de visitas, me gustó tener un novio. Cuando me visitaba y me encontraba enferma, salía a buscarme medicinas y esperaba conmigo hasta yo sentirme bien. Recordar que llegaba con olor del perfume de hombre, Old Spice, bien planchadito su pantalón y camisa. Mi novio era muy celoso, cuando me veía hablando con algún muchacho del barrio, me traía retratos y recuerdos y decía, terminamos. Luego venía, me pedía perdón y seguíamos como novios. Yo sé que él me quería mucho, mas como jovencito, tenía su batalla él era de mi misma edad. En la navidad me invita a visitar a su familia y allí, abrió una cajita eran los aros de matrimonio, empezó a ponerlos en mi dedo, su hermana le dice, -no mi hermano, la sortija primero y luego cuando te cases, le das el aro - y él le dice, -que ella los tenga, sé que me voy a casar con ella-.

En la calle Caribe del barrio obrero
de Arecibo P.R a los 18 años.

A mi novio le gustaba que mi mami, le pidiera que si podía
llevarla al campo de Camuy donde vivía su familia. Que rico,
comiendo frutas frescas. Mataban la gallina y se hacía una
sopa y verduras, a veces mataban un lechón, podíamos ver
tantas frutas tropicales.

Regresábamos con el baúl del carro, con frutas, vegetales,
flores, plantas y gallinitas. Mi mami le dejaba un dinero. La
pasábamos sabroso, juntos entre familia.

Este mi novio me hizo algo, les cuento: la mamá de mi amiga
muere, ella vivía en el barrio obrero, ya me había mudado
de allí, y vivía en el barrio San José. Mi mami le pide a este
mi novio que si podía llevarme al barrio para darle el pésame
a mi amiga - sí, la llevaré-, le dimos el pésame, cuando
veníamos de regreso, me lleva por una carretera oscura y le
pregunto, -¿a dónde me llevas?-. Me dice, ¡Margarita! nunca
me has mostrado que me quieres, hazme el amor, que dices,
-óyeme esto, el día que me entregue a un hombre es cuando
me case, has hecho muy malo esto-, la repuesta de él, -es
que me aconsejaron, que probara así, si eras mujer fácil-.
Que machismo, los muchachos puertorriqueños, me llevo

a mi casa, pidiendo perdón. Este mi novio y yo estábamos haciendo, planes para casarnos, cuando yo terminara la escuela. De la edad de catorce años empecé a trabajar los sábados en una tienda llamada B-B, luego a tiempo completo. Se preguntarán que pasó, les contaré: un jueves, no llego mi novio a la visita, al otro día me fui y averigüé donde estaba, ya más o menos sabía algo. Cuando llegó a visitarme el sábado, con su rico perfume y le hago la pregunta, dónde estabas el jueves, sin aviso tuyo, me contesta,- no tengo que decirte donde estaba-, otra vez le pregunté, muy cambiado, lo noté,-¡No! No tengo que decirte nada-, les conté ya que siempre he sido muy capacitada, me levanté y me fui a mi cuarto y en mi armario saque la cajita de los aros, los coloque uniditos, me regresé a la sala, - ok, si esto me lo haces de novio, cómo será si estamos casados. Hasta aquí llegamos, toma y adiós, hemos terminado-. Él se quedó mudo y se fue. Varios días luego, queríamos volver y no se dio, me di cuenta que tenía que seguir con mi vida. Así termine con ese noviazgo. Me gradué de escuela superior, luego trabajé medio días y con eso pagué mis estudios en un Royal Collage, por un año en contabilidad, en esta tienda donde trabajaba me ofrecieron trabajo completo con una oficina, aire acondicionado, como secretaria y contabilidad, llevando las entradas y salidas de la tienda, pagando a los empleados, etc.

Graduación 1962.

Ya viviendo en ese barrio de San José, frente al cementerio viejo del pueblo de Arecibo, conocí otras amigas y vecinos muy lindos, la que me peinaba el pelo, era mi mejor amiga.

Las muchachas del barrio nos reuníamos en las escaleras todas las tardes. Para hablar y planear, otra vez yo era la líder. Un día mí mejor amiga nos dice, muchachas,- llegó al barrio un muchacho muy guapo de parecer, con pelo negro, alto, delgado. Mi papá le rentó un apartamento, a ver quién lo enamora-, yo tenía varios meses que había dejado a mi novio anterior. No estaba interesada, al joven le llamaban Johnny, él tenía pesas de ejercicios, y dejaba su puerta abierta y las muchachas lo veían y causo grande alboroto porque valía la pena mirar. Este joven me observó que yo bajaba la cuesta todas las mañanas para coger el auto en la carretera para ir a trabajar. Se venía momentos antes de yo bajar por la cuesta, entraba a su apartamento por un rato y ya bajaba y como él tenía un carro público, me decía,-¿nena te llevo al trabajo?-, me montaba y me empezaba a decir cosas, para enojarme: le voy a cobrar el doble, etc. Las muchachas se reúnen otra vez, -¿Qué te parece Margarita?-, -¿te gusta ese joven?-, le contesté, -¡no! Se ve muy joven para mí, me gustan más mayores de edad-. Este joven empezó a acosarme, donde quiera que lo viera, expresaba que buscaba una mujer para casarse, porque estaba solo. A veces pasaba por frente de mi trabajo y gritaba, -¡nena! ¿Quieres ser mi novia? -En mi trabajo me preguntaban. ¿Quién era?, les decía -un vecino nuevo-. Si estaba en el salón de belleza allí llegaba él, -¿nena quieres ser mi novia?,-¿Por qué se pone bonita?, ¿tienes novio? Mi amiga le tuvo que decir, -no joven, ella hace meses dejo a su novio de compromiso-. El respondió - ella me gusta, que sea mi novia-. - Usted no me gusta, muy joven para mí. - Ok. Me dijo -yo tengo la experiencia de un hombre de 80 años-. Un día se muda una comadre mía, de un apartamento que quedaba más cerca de la cocina de la casa que yo vivía, subí para despedirme de esa comadre y el subió también y al verme, me mira y me dice, -nena ¡contigo me voy a casar y viviremos aquí!-, ¡No! Yo deseo algo mejor, gracias. Poco a poco, este joven con su insistencia, empezaba a hablar con él casi todas las tardes. Una tarde aparece él, nos invita al grupo a ver un carro anfibio que estaba en el muelle de Arecibo. Las muchachas muy felices, -si Margarita va, nos dejan ir a nosotras-, me miran, yo le respondo, -ok, vamos-. Él me dice, siéntate en el asiento del frente. Al llegar al muelle, ellas corren a ver el carro, él me dice, por favor espera un poco, tengo algo que darte. Abrió la gaveta del carro y saco una cajita de unos aros, se veían usados y grandes. Quiso ponerlos en mis dedos. ¡No! Me rendí, ya me estaba gustando ese muchacho, le digo, tienes que pedir mi mano a Papi, para comprometernos. -Quédate con ellos, en lo que hago eso, hablo con tu papi-. Un día, mi papi un poco bebido lo ve y le dice, -joven veo que usted está enamorado de mi hija-, él responde, -si don Yico-, usted se ve un joven trabajador y bueno le doy el permiso para que la visite, los jueves, sábado y domingo-. -Sí, don Yico-, ese joven corrió a llamarme, ¡nena, ya eres mi novia oficial!, tu papi me dio días de visitas. Ahora mismo ponte la sortija de compromiso-. Quería casarse rápido, porque necesitaba una esposa. No me gusto lo que hizo mi papi, mas empezamos a planear. Me daba tres meses, yo le pedí más tiempo y como seis meses después se dio la boda de mi sueño, mas, como joven puertorriqueño una tarde viene y me dice, -nena, he pensado irme a Estados Unidos, si me quieres te vienes conmigo, allá nos casaremos-, que dices Johnny, otra vez se repite esto, de probar las mujeres, por si son fáciles. -¡No! No tengo mucha prisa de casarme, vete tú y luego hablamos y caminé para mi cuarto-, me siguió y me pidió perdón, me dice-nos casamos cuando tú digas, yo no voy para ningún lado-. Qué de sorpresas me daba este joven con veinte años. Yo, era mayor que él dos años, una noche estábamos en el balcón de mi casa, era muy caluroso mi novio me dice,- nena, hay un carro que se pasa, subiendo y bajando, ¿quién será?-, Vamos a ver quién es cuándo suba-, lo miré y él me miro, le dije a mi novio, ese es mi ex novio, mi novio me agarro frente a él y me dio un tremendo beso, ese carro, bajo chillando gomas, oigo a mi novio gritarle, -¡ella es mía ahora!, con una gran palabrota.

Mi novio, Johnny era joven, mas pensaba en todo. Ya tenía un apartamento con muebles y no quería decirme donde íbamos de luna de miel. A mí me gustaba el baile, a él no le gustaba bailar, me mandé hacer mi traje con una costurera. La alcaldía del pueblo de Arecibonos dio permiso para cerrar la calle, al lado de mi casa. Nos dio sillas y alumbrado en la calle.

Un decorador de las tiendas Velasco, vino a mi casa, y la Iglesia, hizo lo que pudo con la creatividad de él. Por pedido de mi hermana mayor que trabajaba con él. Ella y su esposo los padrinos de la boda, dos damas y dos caballeros. Mi papi y mami, mi suegra y su hijo mayor. Mi papi pinto la casita, con un préstamo que cogió, ese día lloró, su hija se casaba.

Mi boda 1964 con mi mamá y mi esposo Johnny.

Mi ex suegra llego en la mañana, con un regalo, una bella muñeca y me decía, así quería verte casada con mi hijo, llorábamos las dos. Mi novio pendiente que hubiera bebidas y comidas, se portó tan lindo. En la Iglesia, las hijas de María con sus vestidos blancos y la cinta azul con la medalla y yo la tenía también. Las flores en la Iglesia y el cura listo, que ese mi sueño se cumplía. Ya en la casa, retratos y más retratos y una inmensa alegría con familia, vecinos y compañeros de trabajo. Ya mi novio me pedía, -vamos ahora a la luna de miel, te espero en el carro-. Al bajar al carro, se me olvidó la llave de mi maleta. En el camino él me dice,- vamos para el Hotel Monte Mar de Aguadilla-, muy famoso. Me sorprendió tan bella sorpresa. Ya en el hotel estaba una agrupación que cantaba, la llave, donde está la llave, me reía y me sentí triste porque no pude vestir mis bellos ropones, mi novio quería hacerme el amor, él no necesitaba ninguna ropa elegante. Nunca nadie me había preparado para ese momento, que tuve malestar doloroso, él me tuvo que dar una pequeña bofetada. Tenía un momento de coraje, más al otro día, todo muy bonito.

Viaje hacia el Hotel Monte Mar en
Aguadilla para la luna de miel en P.R.

VIDA DE CASADA

Después de la luna de miel, llegue a la casita, el me compraba comida por unos días porque no sabía mucho cocinar, mas aprendí a cocinar, pues quería cocinarle a mi esposo y llegaba de trabajar y cocinaba y a él le gustaba mucho, todo era tan bonito mucho amor, yo empecé a trabajar y él también. Ya después de tres meses, me empiezan los malestares de vómitos y todo me apestaba, tuve que ir a mi médico y me dieron pastillas para controlar los vómitos, mi esposo muy feliz, mas mi papi era el que me consentía con antojos, mi lindo papito, llegaba a traerme el tamarino o café crudo. No había que culparlo, tan joven de 20 años, ese mi esposo.

Eso sí, mi esposo, me dice, quiero que tu doctor sea mujer, no permitía que ningún hombre me vea mi mujer, ni ningún hombre le enseñe a manejar un carro. Más que les cuento, mis trabajos habían muchos hombres compañeros. Tenía que aguantarse.

NACIMIENTO DE MI PRIMERA HIJA

Nace mi hija, que experiencia tan hermosa, muchos me hicieron regalos en un Babyshower. Mi esposo empezó a dar cigarros, y mis amistades del barrio estaban en el hospital y se alegraban con nosotros. Gracias a Dios todo salió bien, cogí unos dos meses con mi baby y luego a trabajar y se me hizo difícil conseguir niñeras. Me mudaba cada vez, hasta que volví al barrio San José, y la mamá de mi mejor amiga, cuidaba mi hijita, tan bien.

A los 23 años con mi primera hija

Para un año después, vino el varón, mi esposo respondió, ¡batie de varo!, un dicho de los hombres que desean tener un varón, para que lleven su apellido.

Frente del apartamento Bo. San José
embarazada de mi hijo Carlos

Creciendo mi familia, le digo a mi compañera de trabajo, muy querida, Olga Vega, -si sabes de una casita que vendan, me avisas-, al pasar una semana, me dice, -Margarita tengo algo que enseñarte, es una parcela, bien barata y puedes mandar hacer tu casita-, -ok-, le dije a mi esposo y fuimos a verla, cuando llegamos era un terreno con una casita de letrina. Una parcela es un terreno que el gobierno de P.R. daba a las gentes pobres, para que hicieran su casita, el hombre que nos enseñó esto, nos dice, con $75 dólares le paso esto a su nombre. Hicimos un préstamo pequeño y mi esposo, consiguió unos hombres del barrio Garrochales de Arecibo, y empezaron a fabricar la casita, mi esposo vendió un camión extra que tenía de helados, casi dejo la casita terminada, tenía mi casita, de verlo a él, con sus manos hacerla, me sentía feliz. Empecé a sembrar flores y grama al frente de la casita y a los lados gandules, cordeles para tender mi ropa. Mi esposo era muy hábil y siempre buscaba trabajo en lo que fuera y me ayudaba. Él tenía un camión de helados y se iba en las tardes a vender sus helados por diferentes barrios. Siempre llegaba a la casa. A veces traía verduras y frutas.

Camión de helados con mis dos primeros hijos Zayra y Carlos en el Bo. Garochales

Yo me había cambiado a otro trabajo, más cerca, en una casa de vender carros nuevos, llamado Evans Ford, a la orilla de la carretera, Bo. Santana, mejor trabajo, buena paga sábados libres, llevando libros de pagos de impuestos al gobierno, contratos de ventas de carros Ford o camiones, y ayudar cobrando pagos, etc. Por muchas veces veía a mi ex novio en el patio viendo camiones, nunca supe porque siempre me busco, en mis trabajos y donde yo vivía, solo me miraba, lo ignoraba.

Una tarde me llega por la ventana una muchacha con su mamá, me preguntan ¿Es usted Margarita?, le respondo, si ¿en qué puedo ayudarles?, necesitamos hablarle afuera, pedí permiso a mi jefa. Queremos preguntarle-¿si usted se está divorciándose de su esposo?-, -no, ¿por qué lo dicen?-Su esposo le está diciendo a mi hija que se está divorciando, de usted para casarse con ella-. Al mirarla, me dio pena de esa chica, yo estaba todavía joven y bonita, eso le dijeron a él, mas aconseje esa chica, no te enamores de hombres casados con hijos, ellos siempre van a estar pendientes de hijos y esposa. Ella responde,- es que yo lo quiero-, -ok, niña, dile a él que se vaya de mi casa, yo misma le pondré el divorcio-. Ellas se fueron a donde él estaba trabajando y le dijeron que habían venido a verme al trabajo y no era verdad que se estaba divorciándose. Él salió en su carro, y me vino a buscar a mi trabajo, nunca lo hacía, porque trabajaba, mi dolor era tan grande que quería gritar y me dolía mi pecho. La infidelidad es un dolor horrible, tenía mis dos hijos mi trabajo muy bueno y le cocinaba y lavar toda la ropa, el hogar y hacerme este engaño, quería huir y dejar todo, solo llevarme a mis hijos. Me fui con él porque estaba ese ex novio viendo camiones, no quería que él hiciera un escándalo, con seis cervezas en el carro, cuando él vio a mi ex novio en el lote, enseguida me dice -¿qué hace ese idiota ahí, esperando para llevarte a la casa? Le respondo,- no cambies el tema, no sabía que querías divorciarte de mí. - Nena, no le hagas caso a esas mujeres, están locas. Se fue al patio, a las dos horas, subió y me grita tengo hambre, ¿dónde está la comida?, le grite con coraje, tienes una amante, que ella te cocine, no más ser una boba. Mi nene estaba al lado mío, le estaba calentando leche, me tiró un vaso y le cogió la cabecita a mi hijo, votó sangre y él tuvo que llevarlo a la emergencia y le cogieron varios puntitos. En mis nervios, coraje y llorando, le cociné un arroz con salchichas y ensalada. Se lo dejé en la cocina, cuando él llego con el niño, también se trajo a su hermana, quizás creyendo que iba a calmar la situación. Al otro día se fue a trabajar y se llevó a su hermana. Me seque mis lágrimas y busque bolsas plásticas, eche ropitas de los niños y mía, el dolor de la infidelidad es tan fuerte en el corazón, que el enemigo se ríe y uno se queda con ese dolor. Le vienen deseos de pelear y matar, de hacerle lo mismo, de meterse con otro hombre para que sepa lo que duele. Conocen de tu engaño otros hombres, quieren venir a consolarte, ofrecerte promesas de casamiento y declaraciones, era temerosa de Dios y no quería eso, me paso a mí. Lo dejé y me fui a vivir con mis padres, oraba y confiaba y tome una decisión firme, divorcio.

Por tres meses, mi castigo fue no tener que cocinarle, no verlo, que no me tocara. No me importaba nada de él, al mes decido ponerle la demanda de divorcio, fui a ver un abogado.

Él recibió la orden de corte, llegaba a ver los niños y yo me escondía, sabía que mi esposo tenía su mal genio y evitaba encuentro con él, mas fui valiente y me mantuve firme, yo no necesitaba esa humillación. Me venía suplicándome que lo perdonara, que volviera a la casa. Me amenazaba con quitarme los hijos. Todos lo veían que estaba delgado. Su mamá vino a suplicarme que volviera, que estaba enfermo, hazlo por los niños etc. Otro día llego él suplicándome y pidiendo perdón, que me quería, que yo era su esposa, la madre de sus hijos. Con desanimo, lo acepté y me llevó a la casa. Mis hijos muy felices. Al llegar quise abrir una camita aparte, porque no quería que me tocara, más él, con sutil toque, se me acercó y esa noche hicimos la tercera bebé. Oré mucho a mi Dios me devolviera el amor por ese mi esposo. Y así fue, un tiempo de sanar mi corazón y empecé a amarle de nuevo.

Una tarde tocan a mis puertas, son unos jóvenes del barrio que querían pedirle un favor a mi esposo, que si lo podía llevar a otro barrio, con los instrumentos porque tenían que tocar en una fiesta, allá se fue mi esposo con ellos, vino muy noche. Así empezó otra etapa, el uso de drogas y venderlas. Estos jóvenes empezaron con marihuana luego cocaína, mi esposo la usaba, la vendía e inyectaba a otros. Yo me iba a trabajar y venían a la casa, de día y de noche. Mis nervios eran de punta, pensar tantas cosas, que hicieran una redada en mi casa con mis niños allí. En este tiempo yo decía era católica de religión mas no iba a ninguna Iglesia, en el barrio había una anciana pentecostal, y un día me pide que si le podía dar mis niños para la escuela dominical, le dije -sí, venga a buscarlos-.

TIEMPO DE CONVERTIDA AL EVANGELIO

En mi rostro no había alegría, era como una sombra que no me dejaba sonreír. La batalla de un ser querido en drogas, no hay paz. Un domingo, estoy preparando a mis niños para que la anciana los llevara a la Iglesia, estaba sola con mis niños en la casa, cuando oigo una voz que me dice, audible y con poder. Vete a la Iglesia, me dije estoy oyendo voces, y seguí vistiendo a mis niños, por segunda vez, oigo ésa voz, le respondo, ok, voy a la Iglesia. Allí en esa pequeña Iglesia, entre y vi unas mujeres con panderos adorando a Dios con gozo, me dije para mí, -yo quiero de eso-.

Fue el tiempo de dividir los grupos y me enviaron a una clase de adultos, vi un hombre que enseñaba la palabra de Dios, tan clara que penetraba mi alma.

Cuando el hombre termina de enseñar, hace una invitación, -¿desea la oración? ¿O quiere recibir a Jesús, como su Salvador y Redentor?-, de momento siento que mi mano se levanta y siento decir, -sí, quiero aceptarlo, lo necesito-. Empecé a llorar y llorar y sentía de mi piel salían impurezas, quede como nueva, al llegar a la casa estaba cantando coritos de adoración y una paz inunda mi vida. Desde ese día mi vida cambio y mi gozo completo esta cuando estaba en la Iglesia.

Aprendí a memorizar salmos y textos bíblicos, como orar y ayunar, mi fe nueva me ayudaba a mí, estaba confiada y gozosa adorando a mi Señor Jesús Señor Jesús.

Un día veo a mi niño coger un sobre con un polvo blanco, le grité, -¡hijo dame ese sobre!-, sospeché era droga y lo voté en una letrina vieja que había en el patio, al rato llego él buscando la droga y viro el cuarto en un desorden horrible, me dice -nena no has visto ese sobre-, le respondí, -sí, lo tire en la letrina, por poco mi hijo lo come-, y la ira de él, era horrible, me insulto, porque era de mucho valor. Me di cuenta que no le importaba sus hijos. Sembraba marihuana al lado de la casa, un día una vecina llega, me pide que le de unas hojitas de curia para hacerse un té. Le iba a dar las hojitas, cuando mi vecina del lado, me grita, -¡no! Margarita, eso es marihuana-. Yo era muy inocente, ni conocía como era esa planta de marihuana.

Esta vecina, me continua señalando, -en el techo de la casa tiene muchas plantas sembradas, mientras usted trabaja, hay muchas personas que entran y salen de su casa, ya los vecinos se están dando cuenta del movimiento de drogas y quieren que él se vaya de aquí, usted no, porque usted es muy buena-¿Qué podía yo hacer? solo orar y esperar que Dios me ayudara. Con la debilidad que mi esposo tenía, aprendió a ponerse sueros con vitaminas. De noche venían le tocaban en la ventana para comprarle drogas, tenía un gran temor que la policía viniera de noche y mis hijos y yo viendo eso, al otro día me hice de valor, él estaba poniéndose un suero, le hablo y le digo, -me voy de aquí con mis hijos, a casa de mis padres no quiero ver que venga la policía y paguemos por lo que estás haciendo-. Él me dice, -está bien, que yo no sepa que los niños estén mal. Si está bien, adiós-.

Lo deje en mi casita, de ese momento supe no volvería yo a mi casa, el verse sin su familia, cogió miedo, y también se fue a casa de su mamá por unos días. A los pocos días, en mi trabajo, recibo una llamada, me dice Margarita, este es un amigo, -le conviene a su esposo, que se mude a Estados Unidos, la policía tiene un agente secreto, que tiene pruebas que el vende y usa drogas, con una fianza de $150, mil dólares-, nunca supe quién me hizo esa llamada. Al otro día, visito a mi suegra y le cuento, y le sacan un pasaje para N.Y. a casa de un hermano que vivía allá. Fueron muchos las cosas que pase en ese tiempo que a mi esposo estaba en drogas, no volví a vivir en esa mi casita, porque no tenía paz ni seguridad. Muchas cosas que uno no puede escribir porque las paginas no dan, solo lo más sobre saliente. Más gracias a Dios siempre me guardo en su mano gigante.

TIEMPO DE SILENCIO

Pasaron muchos meses y mi esposo en Nueva York, que no se sabía de él, más mi fe me sostuvo, orando y ayunando, me iba a mi trabajo y le decía a mis compañeros no me inviten a almorzar, ya ellos sabían que iba a estar en ayunas, todo un día sin comer nada, era joven, eso me ayudaba. Sigo orando y esperando, Señor Jesús Señor Jesús muéstrame algo, como esta ese mi esposo, que debo hacer. Dejaría la droga un domingo para amanecer lunes, soñé este sueño, que veía un avión venir a un aeropuerto y salió un hombre con camisa blanca y sin maletas. Al otro día le cuento a mi mami del sueño, ella me responde, ese es tu esposo que viene. Pasaron unos días, en un fin de semana, mi suegra me manda a buscar, que venga a verla. Cuando fui, si era mi esposo que salía del cuarto con una camisa blanca y sin maletas.

Empezamos a hablar y le buscaba los brazos por si tenía marcas de las agujas de la droga, estaba sanito, me dice -nena, se me metió un pensamiento, que tenía que venirte a ver, porque algo te iba a pasar, le pregunte a unos compañeros de trabajo y me dijeron, si te vas al aeropuerto y espera por una cancelación, te venden el pasaje. Así lo hice y aquí estoy, mas tú sabes que no puedo dejar que me vean, tengo que regresar pronto. Allá en N.Y. Un pastor me ha ayudado, estoy trabajando y mira no más drogas. Quisiera que hicieras arreglos para que te vayas a vivir a allá conmigo-. -Qué bueno que estés bien, he orado mucho por ti. Mas por ahora tengo que seguir orando, por la voluntad de Dios, te dejare saber, -nena te escribiré y te mandare una ayudita de dinero-. Seguir orando era la solución, Dios siempre ha oído mi oración. El enemigo siempre enviaba hombres con promesas que me querían y si yo me divorciaba, se casaban conmigo y me ayudaban a criar mis tres hijos, que les parece, le decía a mi Dios, no me interesa ningún otro hombre, el padre de mi hijos, que lo ayudes. Dame señal que debo hacer. Te pido las siguientes señales, sean contestadas.

1- Dame alegría por el viaje, si esta en tu voluntad que valle a N.Y.
2- Vender la casita, en cash, por lo que pido por ella.
3- Que el comprador sea de N.Y. y se venda rápido.
4- Informar a mi trabajo, que todo sea tu voluntad.
5- Mi familia me dé su bendición con este viaje.

Todas esa peticiones fueron contestadas como las pedía, las señales las vi. ¡Gloria a Dios!, tan lindo Jesús. El Espíritu Santo lo llamo mi amigo, siempre llega a tiempo y me revela cosas antes de pasar y me fortalece en gran manera.

ETAPA EN NEW JERSEY

Siendo que mi hermana Irma vivía en Nueva Jersey, le hago una llamada, si podía irme a su casa por unos días, ella y su familia vivían en una base del Army Fort Mommouth, y me responde, si podíamos irnos con ellos, ellos tenían cuatro habitaciones, mi cuñado tan bella persona, se quería mucho.

Llegue al aeropuerto de Newark, New Jersey. Me esperaban mi esposo y mi cuñado, mis tres hijos felices. Había en mí un gozo tan lindo. En mi vida había un gozo maravilloso. Reía y cantaba coritos. Mi hermana Irma, me preguntaba que tienes tú, con ese gozo, le contesto, el Espíritu Santo. Seguí orando y ahora le pedía estas peticiones.

1- un apartamento con muebles;
2- trabajo para mi esposo cerca en ese pueblo.
3- un carro, una Iglesia para ir a adorarle.

Otra vez en menos de un mes, compramos un carro usado. Nos fuimos a ver y conocer otro pueblo cercano, llamado Long Branch pasando por la calle principal, vemos un hombre, y le preguntamos, -¿sabes de algún apartamento para rentar cerca?-, -si como aquel apartamento de la esquina, son unos puertorriqueños que se van para Puerto Rico, y esperan vender sus muebles, y a lo mejor le recomiendan para que le renten ese apartamento=, fuimos inmediatamente a ver el apartamento y nos gustó, los muebles usaditos, pero era lo que necesitaba y nos rentaron el apartamento, por $150. Dólares al mes. Mi esposo ve un garaje de pintar carros al cruzar y le pregunta,-¿necesitan un trabajador?-, le dicen si, puede venir el próximo lunes. Ya al mudarnos, un día le digo a mis hijos, vamos por calle derecha, donde están las tiendas, calle Broadway. Había un jovencito dando tratados con el nombre de una Iglesia Asambleas de Dios le hablé y le dije, ando buscando una Iglesia Pentecostal, le puedes decir a su pastor que me venga a visitar, vivo en la esquina del edificio, frente al garaje de gasolina. En la tarde llegaron a visitarme, que pareja tan buenas, me, sentía feliz. Merecen ser mencionados, Esteban Crespo y su esposa.

Otra vez esas peticiones contestadas. Me venían a recoger en el autobús y conocí otras familias, en esa Iglesia, siempre fiel y muy agradecida con mi Dios. El pastor después de conocerme, me entrega libros de historias de la Biblia para que las estudiara, y que iba a ser maestra de Escuela Dominical.

Como aprendí de la biblia por medio de la enseñanza a los niños por años. Todas esas mis peticiones fueron contestadas, rápido. Amen, gracias Dios. Después de varios años viviendo en este pueblo de Long Branch, mis hijos empezaron en las escuelas públicas, desde kindergarten hasta high school.

Con lo que mi esposo ganaba, no era suficiente para tantos gastos. Hable en la Iglesia, que si las hermanas necesitaban una niñera para cuidar sus niños, me lo dejaran saber, a veces tenía hasta ocho niños a $10 dólares por niño semanal, mi apartamento lleno con olores de los niños, mas con ese dinero ayudaba en algo, mi esposo quería que yo fuera a pedir el welfare, mentir que estaba sola, como otros hacían. Me pasaba orando y pidiendo ayuda a Dios. Cada vez me lo pedía. Un día le respondo, soy cristiano y no debo mentir, más orare que tú mueras, y quede viuda para recibir esa ayuda. Se quedó calladito y no volvió a mencionar el tema del welfare. En mis oraciones le pedía a Dios las siguientes oraciones.

1- Un trabajo para mi
2- Una casita
3- Que mi esposo fuera a la iglesia.

Qué bueno, mi Jesús, primero me lleno del bautismo del Espíritu Santo, que experiencia gloriosa, en un servicio de oración y hablaba lenguas y sentía una bendición grande. Al otro día le pregunte a mi Padre Celestial, tú me das esas lenguas y sé que me hablas, no te entiendo, tu palabra dice que tu das interpretación de lenguas, me las puede dar en español. Así lo hizo, Dios, al otro día, vino la interpretación de leguas en español, mas era un español muy sofisticado, vuelvo y le digo, mi lindo Dios dame un español puertorriqueño, así fue, empecé a hablar con mi Dios real, mucha interpretación de leguas. Una mañana me vienen unas poderosas lenguas y la interpretación decía, hija mía, dile a mi siervo tu pastor este mensaje que no le tenga miedo al hombre, lo que pueda hacerle, confié en mí que yo peleo su batalla, que él va a ver lo que yo voy hacer, mi pastor lloraba, le decía, -pastor perdóneme yo soy nueva en esto. -No hna. Margarita, yo estaba orando a Dios me contestara de una situación que está pasando en la Iglesia. Gracias a Dios, y a usted que se dejó usar. Los diáconos me acusan de algo, que no entiendo y me quieren llevar a un juicio en las Asambleas de Dios-.

Si le cuento cada detalle de esas bellas experiencias, son tantas y yo veía como ese consolador el Espíritu Santo, me revelaba con pruebas lo que me decía. Ahora les continuo diciendo, las peticiones que fueron contestadas, de mi lista, una casita, mi familia crecía, de la casita que vendí en Puerto Rico,

quedaba como unos 3,000 dólares y le pedí a mi Dios que
frisara ese dinerito, que lo pudiera usar para una casita. Así
lo hizo mi Dios, un día le digo a mis niños, vamos a ver un
parque con columpios en esa calle de Long Branch Ave.,-Ok.
Mami-Mis lindos hijitos. Nos sentamos en los columpios, de
momento miro a mi derecha, veo una casita amarilla, pequeña
con patio grande. Le digo a mi hijitos,- vengan, vamos a
cruzar la calle, quiero ver esa casita-, vi un hombre que me
parecía era hispano, le digo, -caballero ¿me puede decir, si
esta casita la están reparando para alquilar o venderla? Él me
contesta, para venderla, mas ya la tienen vendida, -ok, señor
si se arrepienten, mi nombre es Margarita y vivo al final de
la calle, frente al garaje de gasolina-, en la tarde cuando mi
esposo llego le conté de la casita y fuimos a verla, mi esposo le
gustó mucho por el espacio para su mecánica y los niños por
el parque para jugar y correr bicicletas.

parque con mis tres hijos y dos primo de ellos

Pasando unos días, oigo una voz que me llamaba-¡Margarita!
Si, quien es-, responde, el hombre de la casita de la Long
Branch Ave. -Como no suba; mi esposo está en la casa- le
conteste, -nos dice la señora que nos iba a comprar la casa

se arrepintió porque le dijeron que esa calle cuando llueve se inunda. Están interesados -le dijimos, sí, estamos interesados. ¿Tienen $3,000 dólares para el depósito?, -si lo tenemos, exactamente los $3,000 dólares que mi Dios lo congelo para comprar mi casita,- el dueño de la casita es juez y abogado, el estará haciendo los papeles de la casa, ya le diré el día, mas tengan la llave de la casa, pueden mudarse cuando quieran-. Esto solo lo hace Dios, a mi Dios la Gloria y la honra. Todos en mi Iglesia vieron a mi casita, como una casa de muñeca, le empecé hacer cortinas a mi cocina, plantas de flores, hasta un jardín de tomates, lechuga y otros. Tenía un sótano, para la máquina de lavar y mi esposo lo amplio e hicimos un cuarto, en verano era muy fresquito.

Casa Long Branch Ave. Dos casa grande con patio frente al Parque y patio grande. Unos pollos en crianza.

Casi toda la familia de mi esposo llegaban y se quedaban, una boda de una cuñada se celebró ahí, fueron tiempos como decía mi esposo,- maletas suben maletas bajan-, siempre oraba mucho por esa mi casita. Mis hermanas de la iglesia tan lindas me acompañaban en las oraciones.

Mi otra petición era un trabajo para mí, con tres niños, tuve que esperar que tuvieran edad para ir a la escuela. Aplico para un supermercado y me dan medio tiempo, más cuando me entregan el cheque, era tan poquito y lo deje después de un mes. Aplique para el hospital del pueblo y después de hacerme los exámenes de salud, los pase y me citaron para empezar medio tiempo en el departamento de dietas, ese día que tenía que presentarme, cayo tremenda tormenta de nieve y no tenía teléfono y no pude llamar, al otro día llame, me dijeron no, queremos personas más responsables. Llore y oraba y pedía a mi Dios y aplique para un trabajo de escuela, como ayudante de maestra, me llaman para entrevista y me lo dan y me preguntan, tienes carro y licencia, no, lo sentimos para este trabajo necesita un carro, llegue llorando a mi casa, oraba y le decía que pasa que no me dieron este trabajo, tú me lo revelaste que era para mí.

Mi mejor hermana de la fe, Gloria Lecler, me dice yo te enseño a manejar carro, porque mi esposo no quería que ningún hombre me enseñara a manejar un carro, aunque fuera pagándole. Le dieron ese trabajo a mi pastor Esteban Crespo, él me decía hna. Margarita, yo solo se lo estoy guardando Ese trabajo es de usted, mi esposo me regalo un carrito usado, fui cogí el examen de manejo y mi pastor me llevo, los dos le dimos la gloria a Dios porque lo pase de primera vez. Escribí una carta al Consejo de Educación, que ya tenía licencia y un carrito, que me consideraran para esa posición.

Mientras me contestaran, me fui a estudiar al Colegio de la Comunidad, para refrescar los cursos de maquinilla, y otros para ser una secretaria. Pasados unos días, llego a mi casita a la hora de almuerzo, y frente a mi casa veo un carro y sale una señora, -¿es usted Margarita?-, -sí, ¿en qué le puedo ayudar?-,- me envían de la Escuela, que le han dado el trabajo y puede ir a la oficina de la directora Sra. Braga.- ¡Wow!,- Mañana a las 8:00 A.M. puede asistir-. –Gracias-. Respuesta de la oración, todo en el tiempo de Dios, mi otra petición, que mi esposo llegue a la iglesia, por un tiempo fueron muy hermosos, como familia, estábamos unidos, mi esposo ayudo a manejar la guagua (bus) de la iglesia, buscando los hermanitos de la iglesia, perteneció con su hijo en los Royal Rangers de las Asambleas de Dios. Íbamos a los parques y playas juntas, él y yo nos bautizamos en las aguas en una Iglesia del Bronx en N.Y. en un tiempo de frio en una piscina dentro de una Iglesia grande.

Foto de la escuela donde trabajé.

Viviendo en esa casita pequeña, tuve un sueño, que bajaba por las escaleras para recoger una ropa en el sótano, cuando vi una culebra grande en la pared y cuando yo pasaba, como quería devorarme, y empecé a cantar mis coritos, hay poder en Jesús, la sangre de Cristo tiene poder, tiene poder.

MUERE MI PAPI EN
PUERTO RICO

Hago los arreglos para ir al funeral y mi esposo quiso irse conmigo, él no podía ir, debido a que la policía lo andaba buscando por lo de la droga, que ya les conté. Nos dejaron que enterramos a mi papi, y fuimos a conseguir pasaje para regresar a New Jersey y allí apareció la policía y se lo llevaron.

TIEMPO ANGUSTIOSO

Qué tristeza verlo que se lo llevaban y en medio de toda esta prueba, el Espíritu Santo me consolaba, y me hablaba que él estaba conmigo, y que yo iba a ver lo que Dios iba hacer en su tiempo, le dieron una fianza para sacarlo, mas no conseguía a nadie porque era muy alta esa fianza, mi fe en Dios creció más, Mi Dios siempre llega a tiempo. Estaba con el abogado frente a la corte, cuando un político paso, nos pregunta, -¿cómo están?, ¿les puedo ayudar con algo?-, mi abogado le explica la situación y de inmediato dice, -yo pongo la fianza-, -gracias mil gracias-, salió mi esposo quedo en P.R. yo me regrese a New Jersey porque tenía a mis tres hijos allá con unas hermanas cuidándolos. Oraba todo el tiempo y mi esposo me llamaba cada vez que tenía corte y el resultado, la primera vez se hizo tarde, el juez cancela ese día, la segunda vez no aparece el encubierto policía, se cancela otra vez, la tercera vez es cerrado su caso, por falta de evidencia, queda libre para regresar a mi casa. Que maravilloso es Nuestro Dios, nunca se me ha olvidado, le creo al Espíritu Santo, como estuvo y siempre llega su protección. Le di toda la Gloria a Dios. Les cuento, no tengo palabras para expresar lo agradecida que estuve con mi señor Jesús. Soy testigo de sus maravillas y proezas. En mi matrimonio tuve muchas luchas, con mi esposo, mis hijos son de grande bendición, gracias a Dios. Mis tres hijos se graduaron de Escuela superior (high school) en mi trabajo como ayudante de maestra

Dios medaba gracia, mis evaluaciones dos veces al año eran excelentes. Tenía contacto con muchas familias hispanas, pedía su niños para irlos a buscar para la Escuela Dominical en mi Iglesia. Muchos padres fueron a mi Iglesia, estaba activa y todo lo que me pedían que hiciera lo hacía con amor para mi Señor.

Mis estudiantes en la Escuela Dominical, yo los veía como aprendían tanto. Los padres me decían, -hna., Margarita nunca deje de enseñar, usted es una buena maestra, en la Escuela Secular- la gracia de Dios maravillosa, los directores me tenían confianza y me dejaban enseñar como maestra regular. Tenía talento para el arte, etc. Teníamos un comité de Padres de la escuela que representaba el Programa Bilingüe, me envolvía en las actividades de la escuela, la comunidad y conferencias en diferentes pueblos. Recuerdo haber hecho frituras para vender, hacían filas para comprar, arroz con gandules, etc. Las reuniones con los padres, me respondían mucho. Tiempos muy lindos, me respectaban mucho, todo lo llevaba a la par, hogar, trabajo y la Iglesia.

Una noche el grupo de un Club, deciden hacerles homenaje a varios hispanos de la comunidad porque hacían buenas obras y fueron reconocidos y me dieron el honor de escogerme a mí dentro de la educación, esa noche me entregaron certificados y placas, del alcalde, senador de N.J. directores, etc. Los tengo en una caja guardada. Mi corazón ha estado en ayudar y poner un granito de amor a todas esas familias que venían de otros países. A los niños darles guantes y abrigos para el frio, los maestros bilingües eran tan lindos, ayudaban y vi como en ellos estaba el agradecimiento, cooperaban en toda actividad de la escuela y con el programa Bilingüe. El superintendente Sr. Ferraina, director, hombre muy trabajador y nos brindaba siempre su ayuda. Muy agradecida con mis dos jefas que merecen reconocimiento, Dra. Carmen Torres y Sara Rodríguez. Todos fueron tan lindos conmigo, les bendigo.

Los recuerdos quedan en mi memoria y todo esto escribí en cuadernos: los ojitos y caritas, las sonrisas y sus manitas cogiendo las mías. Oigo que me llaman cuando estoy en las tiendas del pueblo,-¡Señora! Nieves, hola-.

Dios me había dado el talento de hacer flores para decorar, de papel y otros materiales y bailarinas, etc. El día de la raza que es en octubre, era mi tiempo de envolver los niños para hacer como más de doscientas flores para los camiones de flotas para el desfile. Ellos me decían,-¿usted debe ser la maestra de arte?, usted es muy buena, de la boca de los niños salen estas palabras, gracias a Dios. Este pueblo de Long Branch es un pueblo muy lindo cerca del Océano y gentes muy buenas. Conocía desde el Alcalde, líderes de la comunidad y directores de escuelas y el consejo de educación. De mi iglesia me pasaba ayudando a las personas que no sabían inglés, en hospitales, en la escuelas, y los que se iban a casar, le servía de testigo, el juez ya me conocía y un día me pregunta y -¿cuándo te caso a ti?-, me reía, siempre estoy dispuesta para servir y ayudar al que me necesite, mi apartamento siempre tenía la bendición, de tener hermanos de la fe en confraternidad comiendo y hacíamos reuniones para adorar a Dios, de México, el Salvador, Perú, Colombia, Ecuador, y otros. Era como una madre para muchos, Guatemala y P.R. fueron tiempos muy lindos, que memorias tan lindas me dio, Dios.

En verano en grupos nos íbamos a la playa, allí cantábamos coritos y nos refrescábamos en la playa y el 4 de julio, recuerdo un muchacho de Perú tomo películas del grupo, el muy feliz, luego murió de cáncer en los huesos.

Tengo tantas experiencias con esos muchachos/as. Me mantengo en contacto con muchos de ellos. Atesoro retratos cuando todos me celebraban mi cumpleaños y me regalaron una Biblia Bilingüe, en dos idiomas. Desde flores, comidas en restaurantes, etc. Tengo uno en Guatemala, que como mi hijo espiritual le visite hace como 11 años atrás, y me llaman cada vez, el don de orar y aconsejar. Soy muy feliz porque Dios me da hermanitos lindos.

En mi hogar, mis hijos van pasando esa edad de cambios y emociones del amor, sufría, cuando ellos pasaban esas etapas. Mi cuñado que vivía en Nueva York me traía a su niña, cada vez se quedaba en mi casa, aprendí a quererla y eran cuatro jovencitos, mas con mi esposo enfermo, que ya le cuento adelante. Oraba a Dios le diera alguien que no tuvieran hijos y pudieran ayudarla, Dios lo hizo y una bella familia, la ayudaron y se hizo una maestra, se casó y tiene dos hijos, cada vez no encontramos y nos visitamos. Familia es muy importante para mí, ella es como otra hija para mí.

BATALLA – VIVIENDO CON UN ESPOSO ESQUIZOFRÉNICO

Aparentemente todo estaba bien, una familia con hijos muy buenos, Dos casas, él trabajaba y yo también, saludables y yo continuaba en Mi Iglesia, trataba de hacer las cosas para mi Señor con amor, porque estaba tan agradecida con mi precioso Jesús, nunca olvidaba sus beneficios en esas decisiones que mi esposo hacía, sin pensarlo, alguien lo llama desde Chicago que si podía guardarles dos carros Cadillac que enviaba, en el patio de la casa en lo que él podía irlos a buscar. Cuando llegaron esos carros a mi casa, me dio un temor y le reclame a mi esposo, cuando pasaba la policía yo notaba que observaron los carros. Al mes más o menos, llegaron dos mujeres de Chicago y hablaron con mi esposo, luego se lo llevaron y él le acepto una soda, según mi esposo. Le eche pelea a mi esposo, nunca me dijo que hablaron y pasaron unas semanas y se llevaron los carros. Las chicas me dijeron con malicia, -usted con esposo, casas y trabajo, usted tiene suerte-. Al tiempo el sueño que tuve de la culebra en el sótano, y un viernes después del trabajo, mi esposo llego con depresión, no quiso comer, se sentó en una silla sin hablar, ni comer, yo estaba cansada, recogí la cocina, le hablo -nene ven a la cama es tarde-, me contesta, -déjame aquí en el piso-, ore y me acosté confiada, dormí toda la noche cuando desperté sábado en la mañana le vi en la misma esquina de mi cuarto, sin moverse, ni hablar.

Le pregunto Johnny -¿estás bien?, ¿qué tienes?-, me dice -que oyó voces, que cogiera cuchillos y te matara a ti y los hijos. Gracias a Dios, me guardo el Todopoderoso-. Le pregunto ¿te llevo a emergencia?, o ¿llamo a un médico?-.- ¡No!- Me dijo:-Llama a tu pastor-, cuando llamo a mi pastor, llega y lo dejo que hablen, mientras yo hacía cosas en la casa. Oigo al pastor, -vamos a orar Johnny-. De momento me acerco para unirme a la oración, se levanta mi esposo con una fuerza y abre la puerta de salida, gritando, Cristo viene, luego cogió piedras y las tiraba a un carro que tenía, los vecinos salieron y mis tres niños gritando,- ¿papi que te pasa?- Luego la casita que estaba rentada recibió piedras y mi vecina. Esposa de un policía, me pregunta ¿qué le pasa a su esposo?, él es muy trabajador y bueno, le pedí que llamara a la policía, porque esto no era normal. Llegaron la policía, mi esposo se acerca a sus hijos, le dice;- yo no quería hacer eso, perdonen-, dos carros de policía se lo llevan al hospital y yo lo sigo al hospital. De esa tensión mi niña pequeña se le desarrollo una fatiga bronquial, tenía que llevarla al médico, cada vez. Cuando llegue al hospital otro episodio le dio a mi esposo, que quería romper todo en el hospital, lo colocan en un cuarto que no tenía nada, para que no se golpeara el mismo. Al otro día, los médicos me hablan, lo vamos a dejar en el hospital para evaluarlo. No visitas, y le llamaremos en dos semanas. Una vez más. Me dolía mi corazón, verlo así. Solo orar y confiar, el Espíritu Santo me fortalecía y muchos estaban orando por él. Lo mandan a la casa, con medicamentos, un ataque de nervios, decían, desde ese día y por casi quince años, esta esposa batallo con esos ataques y les cuento por años le daban cada vez peor y peor.

Las cosas que hacía, le tenían que llamar a la policía, siguió trabajando en el garaje de pintar carros de eso fui yo testigo, enfermo se iba a trabajar, un día de verano, estaba trabajando en el programa Bilingüe, cuando oigo las sirenas de los carros de policía,-¡oh Dios! Espero no sea algo que mi esposo ha hecho-. Cuando mi vecina me llama a la escuela,- Margarita la policía está persiguiendo a tu esposo-. Supe luego, que se había robado un carro y una pistola de balas blancas de su trabajo, le tuvieron que llamar la policía, al otro día salió en el periódico que la policía de ese pueblo perseguía a un hombre peligroso que le amenazo con una pistola y ellos lograron desarmarlo. Pudieron haberlo matado.

En la casa, me cogía la nevera, le sacaba todo lo que tenía y lo echaba al piso, pagaba la calefacción y abría las ventanas y puertas en pleno invierno. A veces prendía el horno y colocaba los tenis y ropa mojada para secarlas. Dejaba la puerta de la casa abierta y se iba, mi vecina me llamaba a mi trabajo, yo tenía que venir y cerrar la casa. Mis jefes entendían mi situación y me ayudaban. Recuerdan que le dije, que a mi esposo le gustaba mis comidas, ya de enfermo, no quería mis comidas, guardaba en botellas su orina, para llevarlas a la policía y que yo lo quería matar, Imagínese vivir con una persona así, yo le compraba comidas de lata, para que comiera algo por el mismo. Al año se pasaba tiempos en un hospital, a veces en cárceles, casi siempre en tiempos de días festivos, navidad, madres o padres, y verano. Que muchas cosas pasábamos mis hijos y yo, ya de jovencitos ellos, se sentían avergonzados, me decían, mami si tú recibes de nuevo a papi, vamos a llamar alguna familia para irnos con ellos. Qué pena sentía, más oraba con más fuerzas y el Espíritu Santo me fortalecía.

Nunca eso aconteció, ellos se graduaron de la escuela, mi hija mayor se va a estudiar a un College y vive en el colegio. Todo bien, fuimos a esa Graduación, y mi esposo le regalo su primer carrito. Luego a mi hijo le regala su primer carrito, se gradúa y varios meses después se decide irse a la Florida con su primo que vive allá. Con el buen ejemplo que le da mi sobrino, se anima a estudiar en colegio y trabajaba y se pagaba el colegio y se hizo un ingeniero. Los episodios continúan con mi esposo, robo mi carro y se iba al aeropuerto, dejaba mi carro y cogía un avión para ir a P.R. en dos ocasiones, tenía que llamar a mi hija y su esposo, que vivían cerca del aeropuerto de Newark. De Puerto Rico, me llamaban no lo podían ayudar que lo fuera a buscar. Mi cuñada me llama y me dice, que le has dado a mi hermano, esa cosa que tiene contigo, Margarita, me necesita, tengo que ayudarla. Todo es mencionando tu nombre. Cuando estaba en la Iglesia le decía a mi Señor Jesús Señor Jesús no quisiera ir a mi casa, como siempre estaba el Espíritu Santo diciéndome, no temas, mi sierva, estoy contigo. Recibía de nuevo fuerzas nuevas para hacerle frente a esta batalla, de esperar y confiar en mi Dios. Me cogía mi carro y lo vaciaba y hacia ruidos tarde en la noche, tenía que llamarle la policía, solo para que lo dejaran en el hospital y recibiera sus medicinas. Una mañana me dice, te hice café, ¿te lo traigo a la cama? Me dije, -que lindo detalle. Gracias-, al rato me sentí medio mareada y me dice, le eche una pastilla de las mías, para que sepas lo que se siente. Ok. -No volveré a tomar nada que me des, jamás-. Otro día nos invita para ir a una playa que nos gustaba ir Sandy Hook en N.J. allí en la las aguas, me dice, te enseño a nadar, y trato como de ahogarme, y salí corriendo-, cada vez me ayudaba mi Señor Jesús Señor Jesús.

Un día empezó a seguir un carro, porque las voces le decían que perseguían a su hija mayor, ella no estaba cerca y la policía lo arrestó. Se metió en una tienda de licor y pidió cervezas, cuando le pidieron que pagara, se bajó los pantalones y le dijo – pago con esto-, le llamaron la policía. De lo mismo hizo con moteles cerca de la playa de Long Branch, cogía su ropa y la esparcía por las aceras frente al motel, le llamaban la policía y cogía su ropa y se mudaba para otra acera. No llegaba a la casa por días y mis hijos tenían que saber todo esto. Siempre quise ayudarle. Y como esposa le fui fiel y oraba siempre, este mi esposo estuvo haciendo muchas cosas, cuando le llamaba la policía, ya lo conocían en la estación y cuando yo llamaba venían dos o tres carros de policía, Dios me daba gracia con esos policías y yo les pedía lo llevaran al hospital para que recibiera medicinas.

En quince años pasaron muchas cosas, que se sufría. Un día orando le pido a Dios, señor sálvalo, cámbialo, y yo soy testigo de todo lo que mi Dios hizo le sano de unas fiebres que le daban, con la garganta infectada. Los Hermanos de la Iglesia oraron por él y quedo sano. Le limpio el caso de Drogas en P.R. le dio un garaje de gasolina y mecánico. Le daba buenos trabajos le dio una linda familia y más. Me daba cuenta que este mi esposo, no le quería servir a Dios. A veces se burlaba cuando yo oraba y hablaba lenguas. Mas yo pedía a Dios por el siempre. Un día orando oigo al Espíritu Santo decirme, no ores más por él, déjalo en mis manos. Le creí a Dios, más se me olvidaba a veces, pasando un tiempo me dice el Espíritu Santo, tú quieres saber qué es lo que tiene tu esposo. Un julio de un fuerte calor, pude ver lo que tenía mi esposo, un día antes, se había desaparecido, llego al otro día en la mañana, sin camisa, y con una calor horrible, le pregunto,-¿dónde estabas?- Me responde,- por esos mundos caminando-. Le invite a tomar un baño por el calor y le arreglen el sofá una sábana fresca y un abanico para que descansara. De momento sonó el teléfono, era mi niña pequeña para dejarme saber que ella y su hermana mayor iban a ir a la Florida a la boda de su prima.

Garaje de gasolina y mecánica en Long
Branch, Johnny y su hijo Carlos

Era muy temprano y estaba yo con mi pijama. De momento salto del sofá y rompió mi teléfono, gritándole a mi hija, ven busca a tu mamá. En ese instante me di cuenta, lo que el tenía, los ojos le brillaban como dos bolas de fuego, su cara se le veía con enojo diabólico, me dije,-tengo que subir arriba a coger la llaves y salir de aquí antes que explote-. Me vio que me escape para subir las escaleras, y me agarró por el pelo y me daba de puños, los moretones se quedaron grabados, miren lo que hago, dolía y gritaba, más al darme cuenta que podía morir, alce mis manos al cielo, le pedí perdón a Dios por si le he ofendido, y le dije, -mi Dios, perdono a mi esposo-. Ya los vecinos habían oído mis gritos y habían llamado a la policía. De momento mi esposo abrió la puerta del frente, me quito mi pijama y me cogió de mi pelo y me llevo al balcón donde los vecinos me vieron desnuda y el dándome puños. Parecía una gran pesadilla. Que no despertaba, llego la policía y al rato la ambulancia, cuatro grandes policías lo agarraron y lo tiraron al piso, él decía esta es mi casa, ella es mi mujer, con una fuerza que lo veía y no lo creía. Mis vecinos me trajeron una sábana y agua, lloraban por lo que vieron, un vecino jovencito que me conocía, me decía -quien le hizo esto, lo golpeare-, -no, niño, mi esposo está enfermo-. Allí en emergencia me tuvieron todo un día, exámenes de todo, maquinas modernas, gracias a Dios el seguro de mi trabajo era muy bueno, los gastos de hospitales de mi esposo y especialistas, fueron cubiertos, eran muchos. Mi resultado de todo, bien, solo me encuentran costillas rotas y me mandan para mi casa. A mi esposo se lo llevan para cárcel y lo dejan ir días después, por el record que era esquizofrénico lo soltaron.

Llego a mi casa y a pastillas de ibupreson y en dos días, me acosté con el radio en La estación Cristiana de Radio Visión en N.Y. Como a la 2:00 a.m. me despertó unos jóvenes que estaban en vivo en la estación cristiana en ese momento estaban orando diciendo: ¡hermana! Si tienes costillas rotas, ponga sus manos sobre la radio, si cree y oye que después de orar, las costillas hace un ruido como click, click es que Dios la ha sanado. Al rato lo sentí, me levante y le grite a mi hija pequeña, ¡Dios me sano! ella se alegró, doble rodillas y di gracias a mi Dios. Llame a la estación de la radio y les testifique, me visitaron muchos conocidos para verme, me regalaron plantas, flores y detallitos para que me mejorara; sentía una gran tristeza por mi esposo, estaba pensativa que hacer, fue una experiencia horrible. Mis hijas me hablan y me dicen,- mami que tu esperas, que papi te mate y no tengamos una mami-, me aconsejo mi hija que llamara a la trabajadora social que le pertenecía a papi, que lo coloquen en algún lugar, por lo que te hizo. Así lo hice, le buscaron un cuarto en una casa con servicio de comidas y una cama limpia. Este mi esposo me buscaba por todas partes en mis puertas tocaba, como si no hubiera pasado nada, un día mi hija le dice,-papi mami no quiere verte, ok.- Y de noche aparecía echándole agua a la grama le tenía que llamar a la policía, Dios me abrió puertas y empecé a ver lo que tenía que hacer, conseguí un apartamento pequeño y me mudo, cambie el número de mi teléfono y cambie mi carro, solo que me quede en mi Iglesia y allí él iba a verme, los hermanos, me cuidaban, me decían que caminaba todo el pueblo buscándome donde yo vivía, aun mis cuñadas nunca le dijeron.

Como mujer cristiana, sufría ver que tenía un esposo y le tenía pánico si se acercaba a mí. Lo veía de lejos, ese esposo que me conquisto con su insistencia y confesiones de amor, me hizo mi primera casita con sus manos.

Ese esposo que me dieron tres hijos lindos y buenos, lo veía buscándome y mi corazón se dolía. Ore a mi Dios, ayúdame, y oigo a mi Dios decirme, -yo me lo llevare-, hay veces no entendía cosas que mi Dios me decía. Solo confiaba y esperaba en su tiempo, hay momentos que orando recibía detalles de lo que me esperaba, me guardaba muchas cosas en mi corazón, le creía siempre y sé que mi Dios ha estado conmigo, si he pasado por el fuego y no me ha quemado y por las aguas y no me inundaron; me encuentro en sus manos divinas.

Recibo una llamada de Puerto Rico, que mi mami estaba enferma y salgo para mi isla para atender a mi mami. Como siempre mi hermana me recibía y al otro día me llama mi hermana, para ponernos a orar, antes de ir a los lugares. La unción del Espíritu Santo me llena y me habla tan claro, -hija mía te quiero orando toda esta semana, porque lo que te vengo diciendo se cumplirá, lo veras-.Así lo hice, me preparaba mi Dios, te supliré, te fortaleceré, le pregunto a Dios, ¿de qué morirá?, del corazón. Mi relación con el Espíritu Santo es hermosa.

Orando con mi hermana, y mi mami enferma, hubo confusión, que se irían los dos con Dios. Lloro y le oro a Dios, dos de mis seres queridos no, mi Dios. Es mucho dolor.

Mi mami mejora y un domingo estoy cuidando a mi mami, para que mi hno. Que la cuidaba fuera a distraerse, le dije a mi hermana, cuando salgas de tu Iglesia se vienen acá, le estaré cocinando algo muy rico. Una carne de res mechada con papas y un arroz con habichuelas verdes, ensalada. Suena el teléfono de la casa de mami, y mi hermana contesta, y empieza hablar lenguas, le hago señas con mis manos, -me dice, es tu hija-, dice, -tu esposo lo encontraron muerto en su cuarto-, se cumplió lo que el Señor nos venía diciendo. Sentí un dolor muy fuerte de momento, más el Señor estaba conmigo, me fortaleció. Le dije a mi hija, ya mi Dios me lo había revelado, hagamos esto, arregla allá con una funeraria que lo arreglen para enviarlo a P.R. y yo arreglare la funeraria acá para el resto del entierro. Tu papá lo quería así.

Esa noche casi no podía dormir y me levante y tome un té de naranja. Cogí un lápiz y un papel y sentí la inspiración para escribir poemas. El primero, Esposo Mío, que incluyo en esta página. Llore mucho mi Dios me conocía y permitió que yo estuviera sola por esos dos años, en un matrimonio dice la palabra que somos uno. Sentía que esa unidad se iba despidiendo de mí. Con todo lo que pase con él era mi esposo de 29 años. Mi familia de allá y la de él, me ayudaron mucho en todo. Muy agradecida, como Dios me suplió todo. Le dimos un entierro cristiano, con toda la familia, mis tres hijos presentes y pude decir el poema que le escribí, que hizo llorar algunos. Cuando movieron el ataúd, tuve una experiencia tan fuerte sentí que algo salió de mi ser ya que éramos una sola carne como marido y mujer ante los ojos de Dios. Muchas personas me decían, que mi esposo se había muerto sin la salvación, que Jesús pago en la Cruz del Calvario, un día antes de enfermarse había dado su corazón a Jesús.

Foto del funeral de mi esposo

Mis tres hijos Zayra M. Mary C. y Juan
Carlos los tesoros que Dios me dio

Orando un día, le pregunto a mí Señor Jesús, ¿qué ha pasado con el alma de mi esposo?, repuesta de mi Dios, -lo tengo en un lugar especial-. Le creí a mi señor, le di gracias, hay muchas cosas que el ser humano no entiende, los misterios de Dios en el cielo. Llegando a Long Branch, N.J. recibo muchas tarjetas de pésame, algunas con dinero y mi Dios seguía supliéndome para los gastos del Funeral de mi esposo. Un día sentada en mi sofá mirando por la ventana de la sala, me sentí sola, y empecé a llorar y confesé, Dios- me hace falta mi esposo-, al rato oigo al Espíritu Santo decirme, ¿quieres que te lo devuelva y sigas sufriendo como antes?. Pare rápido mis lágrimas y le pedí perdón a mi Dios,- no mi Dios, yo sé que tú tienes otros planes para mí, gracias por ayudarme-.

En todo en este funeral. Continúo trabajando y me envolvía en diferentes actividades en la iglesia y la Escuela. Empecé a viajar con la ayuda de mi Dios Todopoderoso. Fui a Santo Domingo con una hermana dominicana, la pase tan lindo, allá conocí una niña que quería adoptarla de once años, y me iba costar un poco de dinero, mas empecé a orar por esa decisión, le ayude con un dinerito para los gastos de la escuela allá, en Santo Domingo. De regreso a Long Branch, pido la oración de los hermanos de mi Iglesia, un hermano anciano me da un consejo, me dice, hermana ya usted crio sus hijos y una sobrina, esta viuda, disfrute su libertad para que haga las cosas que de casada no podía hacer, piénselo bien, así lo hice, y no tenía mucho dinero para los gastos de abogado. Deje todo en las manos de mi Dios.

Más tarde me invitan a ir a Guatemala a casa de un hermanito que ayude en su tiempo de necesidad de una muerte de su hermano e hice planes, esta familia me recibieron tan lindo, la mamá de él me hizo un rotulo grande que decía, Bienvenida Hna. Margarita y lo coloco en el aeropuerto a la entrada, recibí abrazos y una calorosa bienvenida, esta mamá, su esposo e hijo me llevaron a tantos bellos lugares, un ancho lago con pequeñas mesas y freían pescados mojarra, con verduras, en ese lago se bautizaban personas cristianas, tome mucho retratos, que bellas tierras y gente linda me gustó mucho Guatemala, sea bendecida por Dios. Decidí luego de regresar de este país y cuando regreso me anime a estudiar en un Instituto Bíblico de las Asambleas de Dios en Lakewood New Jersey los sábados y seguía trabajando, algunos hermanos más jóvenes que yo, también pastores, las notas eran muy buenas. Estando en este Instituto Bíblico Dios me dio la oportunidad de viajar a la Nación de Israel, después de orar por el viaje, sentí la confirmación y gozo por el viaje. Todo lo que se ve allí, está en la Biblia, los lugares del nacimiento, donde vivió María, los discípulos, la barca donde pescaban, monte de los olivos, la pared de oración, The Western Wall, lleve muchas peticiones de los hermanos que las escribieron antes de yo viajar, estando ahí, viendo tantas vidas de todos los países, sentí una presencia detrás de mí, linda de gozo, le pregunto ¿Señor Jesús eres tú?, sí, soy yo, estaré contigo y te mostrare mis tierras. Vale la pena hacer el viaje a Israel y ser bendecido. Lo fui yo, y todavía no me canso de hablarles a otros de ese viaje glorioso.

De vuelta y muy feliz, en el aeropuerto de Turkey me di una
caída que tuvieron que llamar los paramédicos, me revisaron y
me dieron unas pastillas y me curaron un golpe en mi frente
de la cabeza. El avión estaba para salir, los hermanos del grupo
dijeron, -sin la hermana Margarita no nos vamos a América-.
El enemigo quiso quitarme el gozo y no pudo, gracias a Dios.
Regresamos a América muy bien. Contando la experiencias
allá en la Gran nación de Israel, con historia grande.

Viajaba varias veces a la Florida y Puerto Rico. Muere mi
madre después de varios años, luego mi segunda hermana
mayor la pude ir a verla antes que muriera, a todos les hable
del amor de mi Jesús y oraba por ellos. Mis dos hermanos
varones, mueren uno después de otro. En el año 2012 más o
menos. Quedamos tres hermanas.

DESPUÉS DE VIUDA

Mis tres hijos, casados y se acercaba mi tiempo de retirarme con 29 años de trabajo, al cumplir mi edad de 62 años. Oraba y le pedía a mi Dios me indicara para donde mudarme. Vinieron a mi vida ciertas emociones románticas, citas en restaurantes, flores, propuestas de amor, etc. Mi lindo Jesús me ha dirigido con sabiduría, he experimentado muchas cosas lindas en mi vida. Más del grupo de muchachos que estudio conmigo en el Instituto Bíblico, uno muy cercano a mí. Declara emociones para mí y mi corazón sentía compasión para él, yo lo ayudaba y él me ayudaba, me ayudó mucho con las muchas cosas que tenía que hacer antes de mudarme a la Florida. Lo bendigo siempre y le deseaba lo mejor de todo. Otras veces cocinaba en mi casa, que rico sus comidas. Venía con su niña y le hacía desayuno los domingos. Muchos no estaban de acuerdo con esa amistad y hablaban. Un domingo un carro agolpea su niña, que tuvieron que llevársela al hospital ese día lo vi llorar y clamar a Dios y sano la niña, su niña era su bello tesoro.

Nevadas que Caín el venia, limpiaba mi carro y lo prendía para tenerlo listo, sabia cocinar y oramos juntos y porque éramos cristianos no hacíamos nada que nos comprometiera, y empezaba a sentir algo en mi corazón por él, cuando lo veía con alguna mujer, me ponía celosa, igual él, si yo salía con alguien se enojaba, seguimos como hermanos en la fe y amigo.

Buen muchacho. Al año se volvió a New Jersey, por su hijita que vivía allá. En septiembre la gran noticia que hizo historia, la caída de las torres gemelas en N.Y. Yo me encontraba en mi salón de enseñar y la otra parte del salón, estaba la otra maestra que tenía la televisión prendida y empezaron a dar las noticias y ella me llama, Mrs. Nieves, venga para que vea lo que está pasando en N.Y., corrí rápido y cuando veo todo por televisión, los dos aviones derribando esos grandes edificios, tuve que llorar, la gentes muriendo y ver ese cuadro, me recordé que Dios me había dado un sueño y era así. Como lo veía en TV en el sueño, miraba al cielo y vi una grande nube bien negra que venía y empezó a botar por la boca, muchas nubes como con bombas y vi destruir los grandes edificios, detrás de esa gran nube negra, miles de pequeñas nubes negras y grises que también destruían. Qué año tenebroso nos tocó vivir. A veces las revelaciones o sueños vienen y uno no sabe qué hacer con ellas, porque uno se siente inmerecido de estos misterios tan grandes, perdónanos Señor.

Tengo en archivo, los grandes sueños que he recibido. Los escribo, para compartirlos con quien también le ha tocado tener esos regalos de Dios, todo lo que Dios nos da es bueno. En otra ocasión soñé con muchos cuervos negros venían atacarme y de momento recibí poder extraordinario y abrí mis manos y agarraba esos cuervos en el nombre de Jesús y los destruía.

TIEMPO DE MI RETIRO

EL AÑO 2004 ME RETIRO – fue un año de decisiones, la escuela daba una gran comida y fiesta para todos los retirados, regalos, un reloj de pulsera con el sello del Consejo de Educación, otro reloj de pared, certificados etc. Planear donde irme a vivir, ya no soportaba los fríos. Me daban mucho dolor de huesos. En mis visitas a la Florida donde Vivian mis dos hijos me gustaba, mi hermana Irma había comprado una casa en un lugar llamado Fort Lauderdale y el pueblo se llamaba Sunrise. Me gustaba porque se parecía al clima de P.R. después de orar y pedirle a Dios en oración, necesito una persona que me compre mis muebles con dinero cash, una maestra me oye decir que me estaba mudando y viene a ver el apartamento, quería rentarlo, más lo que le gusto fueron todos mis muebles, me los compro y me los pago en cash, y los dejo hasta el día antes de yo salir para Florida. Este hno. Y amigo me ayudo tanto, en vender el resto de cosas y me limpio el apartamento y me pidió que lo llevara conmigo a la Florida, para probar el clima si lo podía ayudar a una alergia que lo molestaba mucho, y le digo -¿está seguro?-, llame a mi hermana y cuñado, dijeron el ok. Se vino conmigo, ya en la Florida era de gran ayuda, buscamos una Iglesia para adorar a nuestro lindo Dios, después de visitar varias iglesias, nos quedamos en una que era hispana, Iglesia Centro Cristiana Latinoamericana. Llevo en esta Iglesia 10 años y me gusta mucho por la adoración y alabanza y la presencia del Espíritu Santo.

Oraba a Dios por un carro, por un apartamento, y como siempre me sorprende mi Dios en su tiempo con las repuestas contestadas. Fui con mi hermana y esposo y mi amigo a ver unos carros, me aprueban un carro nuevo 2004 Saturn, en horas me lo tenían listo. Gloria a Dios, le pregunto al vendedor-¿sabe usted de algún apartamento para rentar?- y me dice -aquellos apartamentos que usted ve allí, son con dos cuartos y razonables para comprarlos, en vez de rentar, puede comprarlo, así fue con la bendición de mi Dios – una vendedora me enseñaba varios apartamentos y cuando llegue a uno, y abrí el balcón de atrás, con un bello sol, y una vista de un lago, empecé hablar lenguas y la confirmación que ese era el condominio de dos cuartos para mí, pedían $40,000.00 y luego lo rebajaron a $37,000.00, lo compro, cada vez venían cheques para mí, no podían entender de dónde venían y solo financie $29,000.00, otra vez daba la gloria a mi Dios. Como el Señor me bendice.

EXPERIENCIAS CON EL ESPÍRITU SANTO

Cuando uno ora y aprende hablar con Dios, uno lo conoce en diferentes formas que viene y te habla. Muchas veces como les conté en sueños vienen las revelaciones e interpretaciones de lenguas, Dios me ha dado variación de tantas lenguas, yo me deleito en hablar las lenguas creadas por Él. Mas la preferida por mí es la francesa, me siento feliz.

He estado experimentado que Dios me habla directo a mi corazón. Yo le llamo escalones espirituales y vengo sintiéndolos. Si tengo algo que me molesta en mi espíritu, con voz suave ciento que el Espíritu Santo me dice muy adentro de mí, no temas, estoy contigo. Confía pronto tendrás repuesta. A veces como que me llama, mi sierva,- no temas por tu hija-, porque andaba enferma,-ella es mi hija y yo la cuido mucho-, sentí paz y confianza. Otro día estoy en el culto del domingo y siento que Dios me dice,- mi sierva dale tu collar de perlas a esa hermanita que les visita-. -Oye mi Señor no tengo problemas de darle el collar a la hermanita, lo que tú me pidas-. Esa hermanita se ve muy humilde y a lo mejor no lo usan en su Iglesia. No hubo repuesta, cuando la hermana se sienta cerca de mí y me abraza, siento la voz otra vez, dale el collar ahora, me lo quite y se lo puse en su cuello y le digo, -el Señor quiere darte este collar-, empezó a llorar esta hermanita, perdone hermanita no quise hacerla llorar, -no Hna. Margarita, lloro porque esta mañana oraba a Dios por un collar de perlas. Y ahora veo que Dios lo sabe todo y respondió tan rápido-. Llama a una hermana y le dice- verdad hermana que yo confesé por un collar- y la hermana lo confirmo. Testifique al frente de los hermanos, luego esta hermana recibía otros regalos, todos querían darle cositas. Muchas otras experiencias de sentir confirmación si no conviene ir de viaje o hacer alguna decisión. Mi Dios es muy real en mi vida, siempre testifico lo grande que es Él. Tantas veces que me ha guardado de accidentes de carro. Es como siempre tengo guardianes de seguridad para actuar rápido. A su nombre Gloria. Todos a mi alrededor se dan cuentan, me llaman por teléfono y administro en consejería y oración.

En mi Iglesia tienen cultos de oraciones los martes de 10:00 am a 11:30 am. No quiero perderme uno porque es como una inyección espiritual que me dura por muchos días, los domingos voy con mucha alegría al templo, oro un rato de rodillas en el tiempo de cantar y adorar y hasta me gusta danzar para mi lindo Dios. Gracias a Dios esta Iglesia le gusta adorar con fuerza y unción y así me gusta a mí tener libertad para gritar un ¡aleluya! Gloria a Dios.

Los versos de la Biblia que más uso, Jehová es mi Pastor nada me faltara salmo 23:1. Todo lo puedo en Cristo que me fortalece filipenses 4:13, Más grande es El que está conmigo, que el que está en el mundo 1 Juan 4:4, Por eso no olvide ningunos de sus beneficios, nunca olvido todo lo que ha hecho y sigue haciendo por mí y mis hijos salmo 103.

Mi petición ahora mismo está delante de Dios, que mi libro. Dios y Margarita, se puedan publicar y pueda ser de bendición para muchos, no ha sido para mí fácil escribirlo, la oposición de varios factores me ha detenido, oí de Dios que era en el tiempo del Él. No el mío, recibí otra palabra confía.

Le creo a mi Dios siempre, luego tengo tantas poesías mías que han sido de bendición, si está en la voluntad de Dios hacer el segundo libro, amen.

Debido a lo que viví en mi vida, escribo algunos consejos para jóvenes, hombres y mujeres, siempre es bueno oír de experiencias de otras personas y creerle a Dios. Con Jesús en nuestras vidas, seremos más que vencedores. Les deseo ricas bendiciones y disfruten de este libro, gracias.

CONSEJOS GRATIS, PARA LA MUJER CASADA

Como mujer puedo relacionarme con la mujer casada, con hijos, trabajo, esposo, te quiero decir que si tienes un esposo bueno, consérvalo con mucho amor y respéctalo. Si tiene algún fallito, que como humanos lo tenemos todos, ora por él y ayúdalo, es tu esposo, hasta que la muerte los separe.

Como mujer te digo, lo más seguro es que te traicione con otra mujer, es una herida muy dura para soportar. Si oras a Dios y te da fuerzas y tú quieres perdonarlo hazlo, más es tu decisión, nadie tiene que decirte lo que tienes que hacer. Mas si hay abuso verbal o físico, no te aconsejo sigas en ese patrón, no es saludable para una mujer, ni los hijos ver tu abuso.

La mujer e hija de Dios tiene uno, como Jesús que quiere verte bien, no con depresiones, El pelea tu batalla. La mujer la tiene Dios en grande estima. Jesús te ama.

Bendiciones, estudia, trabaja y mantente activa, hay tiempo para que luches y te valores, en mi vida fui valiente y Dios me ayudaba en todo. Hoy día, mis hijos me admiran y mis niñas me dicen, mami soy como tú,

Mujer, si te tienes que divorciarte, el divorcio no es pecado, si el hombre te es infiel y prefiere la otra, déjalo que se valle, haz tu vida con la ayuda de Dios. A veces quieren tener dos mujeres, mas yo como mujer te digo no vale la humillación y desvelos por un hombre que no te quiere. Sigue adelante y veras que otras puertas se abren. Si le crees a Dios.

CONSEJOS PARA LOS HOMBRES CASADOS

Tu hombre, creación hermosa de Dios, la oportunidad de tener una compañera, alguien que este contigo en las buenas y las malas, te da una familia y atiende tu hogar y te respecta. Te digo, una mujer y una hija de Dios se respetan, y debe ser apreciada. Dios te ha dado la bendición de ser la cabeza de tu hogar. La responsabilidad del ejemplo de un hombre en la casa es tuya. Sabes tú, que cuando un hombre no atiende su esposa como ella merece, siempre hay otros ojos de hombres que las están mirando y deseándolas para ofrecerles el cariño que tu no le das. Sea que la situación es separación o abandono por adulterio, están mirándolas. Lo que tu desprecias, otros lo desean.

El hombre casado, debe respetar a su esposa, la traición de engaño es un dolor muy fuerte para una mujer delicada con mucho amor, soportar. Cuando se sabe de ese engaño, el corazón de esa mujer para de amar y enseguida el enemigo le mete en su mente, hazle lo mismo, engáñalo también. Solo la hija de un Dios poderoso la ayuda a no ser lo mismo, más a veces, algunas mujeres les hace falta algún cariño de un hombre, a veces fallan al escoger, mas siguen tratando, busca de Dios que te ayude amar a esa tu mujer, tu familia.

Como mujer he visto en amigas y conocidos, que cuando enferman quieren volver con su primera esposa, piden perdón, en casi todos los casos, ya es muy tarde, la mujer no quieren recoger un hombre que la desprecio por otra y menos enfermo, lo que sembramos en nuestra vida, eso mismo recibimos. Otra vez te digo hombre de la creación de Dios, un hombre con sabiduría, en sus años de anciano, tiene a su esposa a su lado, hijos y nietos cuidando de ti.

Otros hombres con su vicios de licor y casinos o drogas, tienen finales desastrosos, aprecia tu vida y alcanzara ver todas tus generaciones, con tu mujer al tu lado, pueden planear muchas cosas juntos. Es hermoso tener una familia.

CONSEJOS PARA JOVENCITAS

Ser joven y con belleza, se conquistan muchos sueños, no quiero que olvides que desobedecer las reglas o leyes, te traerá consecuencias. Fui joven y tenía mis inquietudes, mas era capacitada para tener metas, oí de tantos jóvenes que han perdido sus vidas y me daban mucha pena, por sus vicios y vida loca.

Estudiar es mi consejo, prepárense con una buena educación y un trabajo digno de ti, tu puedes tenerlo si te lo propones. Nunca deshonres a tu padre y madre, ayúdales en todo que es bueno y ayuda a tu prójimo, te irá bien. Jovencita nunca te enamores de hombres casados y más con hijos, ellos siempre estarán pendientes de su esposa e hijos, si te casas y tu esposo te deja, sigue adelante y dale un adiós y busca tu buen trabajo, ama a tus hijos, ellos serán tu tesoro en tu vejez.

Qué lindo es poder volver a ser joven, el tiempo se va y no vuelve. Dios te da vida, apréciala y amate a ti misma/o. Disfruta tu vida y cuídate de siempre confiar en el Dios que te ama.

POESÍAS
PARA EL LIBRO DIOS Y MARGARITA

EL PODER DE LA PALABRA

Gracias a Dios por su palabra, declarar su palabra. Todo lo puedo en Cristo que me fortalece, he visto su palabra hacerme justicia, si Dios está conmigo, quien contra mí, todo es posible si creemos.

Cuando oraba y clamaba, Dios me daba las fuerzas para la batalla que se avecinaba, el poder de su palabra se ejecutaba, si pasaras por las aguas, no te ahogaran y si por el fuego no te quemaras.

Ya de mayor, mis fuerzas se renuevan, mi fe esta fuerte y muy valiente, Dios es el que me ayuda, no me deja, ni me desampara, el susurro de Dios lo puedo oír, estoy contigo hija, confía.

Creyéndole a Dios, tengo confianza, esperanza y puedo declarar con grande fe. Soy una hija de Dios del Todopoderoso, espero el rapto y digo; ven Señor Jesús, te quiero ver y darte un grande abrazo y un beso con todo mi amor.

Fe, es aquellas cosas que tu no la ves, las cree y las espera, conforme a su voluntad. Sé que mi nombre está escrito en el Libro de la Vida, lo creo mi Señor Jesús. Por el poder de tu palabra.

ESPOSO MÍO

Esposo mío de largos años, ha llegado el final momento de una separación total, dada por Dios hasta que la muerte nos separe. Me es muy doloroso en este momento, escribir en este papel y recordar aquel primer encuentro, cuando de tu boca confesaste, nena tú y yo nos vamos a casar.

Los años han pasado, con momentos lindos que han quedados grabados en mi ser y también quedan los momentos dolorosos y duros que la porción de esta trayectoria vida nos azoto con furor y grande fuerza.

Esposo mío, hoy tu partes primero, mi corazón siente tu partida, mi fe especial me hace tener, el precioso consuelo que estas con Dios en un lugar maravilloso, y en mi tiempo de partida nos veremos otra vez.

Esposo mío me dejaste tres hermosos frutos. Dos hijas y un varón que son mis luces, para continuar viéndote a ti, fuiste parte de mi vida, en tus hijos veo las buenas virtudes y tú siempre viva imagen.

Hasta luego, hasta luego, ya ceso para ti el dolor y tantas lágrimas y me quedo yo con el recuerdo de esos 28 años, siempre te quise y te respecte y te fui fiel hasta la muerte.

Esposo mío, Dios que conoce mi corazón, me está, dando grande fuerzas para despedirme de ti por ahora, porque se por fe, te veré otra vez, el alto Dios me consuela, hasta luego esposo mío.

Dedicado a mi esposo al morir = Juan Nieves 1992

MUJER, MUJER DIOS TE TIENE EN GRANDE ESTIMA

Desde el principio de la creación, Dios te formo de la costilla de Adán, te creo como una ayuda idónea, como esposa, con propósitos grandes, fuiste y serás siempre con títulos importantes desde esposa, madre a reina, princesa o mejor una hija de Dios, hermosa, sabia y muy estimada por tu creador y Dios.

Sabias tú, tantas veces que Jesús te defendió te demostró su amor, aquella mujer que la encontraron en el acto del adulterio y la quisieron apedrear, el Señor les dijo a todos quien de ustedes está libre de pecado, tire la primera piedra, nadie lo puedo hacer, liberto a una mujer con siete demonios. La mujer del flujo de sangre, muchas más recibió con mucha alegría y las reconoció aquellas que hicieron muestras de amor, el perfume caro, el lavado de sus pies, uso su pelo para secarlo. Las que lo seguían, creyendo que Jesús era el Hijo de Dios.

Mujer, Mujer, Jesús sigue mirándote con misericordia y amor oye tu oración, quiere secar tus lágrimas, te ha dado, fuerzas y valor. Te ha dado los tesoros más hermosos, los hijos, tu familia. Al llegar los tiempos de la edad de arrugas y pelo blanco, puedes ver y recibir esos gritos de júbilo, ¡madre, madrecita mía! Gracias por tu cariño y cuido de mi vida, y la fe y temor de Dios, fuiste mi ejemplo, este beso y abrazo es para ti, bendecido día.

Mujer, madre y una hija de Dios, él te tiene en grande estima.

PADRE PERDÓNALOS PORQUE NO SABEN LO QUE HACE

Si Padre me acusaron, también me azotaron me escupieron, ¡ah! padre me colocaron una corona de Espinos y la clavaron en mi cabeza dolió profundamente, que mi sangre broto y tuve que llorar. Padre te pido los perdones porque no saben lo que hacen.

Si, Padre tuve sed y me dieron una esponja con vinagre, que amargura, les oía decir, crucifícalo, mi corazón se dolía, porque me despreciaron, mi gente me gritaban. Si Padre repartieron mis vestiduras y echaron suertes, desnudo llegue a la cruz, los clavos de metal desgarraron mis manos y pies agonizante dolor, padre perdónalos porque no saben lo que hacen.

Si, padre perdónalos, porque no saben lo que hacen aun después de más de 2,000 años, no lo tomes sus pecados, si se arrepienten yo les perdono y los recibo, porque tú me los ha dado y donde yo estoy ellos también estarán y en tu tiempo escrito, todo acontecerá, ya no habrá más oportunidad.

Gracias Padre Celestial

EL COMIENZO DE UNA FAMILIA

Desde Génesis 2:18 a 2:25 así se formó la familia y dijo Jehová Dios, no es bueno que el hombre este solo, le hare ayuda idónea para él. De la costilla que Jehová tomo del hombre, hizo una mujer y la trajo al hombre. Dijo entonces Adán, esto es ahora huesos de mis huesos y carne de mi carne, esta será llamada varona, porque del varón fue tomada. Por lo tanto dejara el hombre a su Padre y a Madre, y se unirá a su mujer y serán una sola carne. Y estaban ambos desnudos, Adán y su mujer.

Los componentes de una familia, está el Hombre, como la cabeza de su hogar, el Padre de los hijos, esposo de la ayuda idónea, que es la mujer y madre. Los hijos que formarán las futuras generaciones. Dios dio algo hermoso a Adán, una mujer, una madre, con amor, química, con cariño y respeto, no se avergonzaron aunque estaban desnudos, eran un matrimonio. Disfrutaron su compañía en un lugar tan hermoso como el paraíso.

Se empezó la primera familia, sin mencionar sus desobediencias y sus consecuencias, sus luchas y estragos le siguieron, se estableció la familia por generaciones y generaciones, se llama Familia. Está en la Biblia. Somos todos hijos de un Padre celestial, un hermano en Jesús y un consolador que nos ayuda, el Espíritu Santo.

La familia es establecida por Dios, no hay duda. Qué lindo es saber, tener un papá que nos recibe en su casa, no estamos huérfanos, es un lugar de refugio y protección de amor, porque somos familia, heredando lo que nos toca en su grande justicia, conservar la unidad de la familia.

Gracias a Dios por mi familia amen

LA ROSA ROJA

Temprano en la mañana, fui a mi jardín encontré esa Rosa Roja, con fragancia exquisita que deleito mi día. Le dije a mi Señor, gracias por el regalo de esa Rosa Roja, que me recordó a mi linda Madre muerta, más viva en mi corazón.

Fui a ver la tumba donde restan los huesos de mi madre, mande a pintar su tumba de blanco y le traje rosas rojas, le hable en silencio Feliz Día De Madres, te traje rosas rojas, ellas me recuerdan la sangre preciosa derramada en la Cruz del Calvario. Roja, Carmesí y con el amor único que ha sido ofrecido para los seres humanos.

En mi vida esa rosa roja me ayuda a ver la esperanza, el deseo de servir a mi prójimo y dar una mano de ayuda a otros. Dios el creador de las rosas, también del hombre y mujer, tan bellos creados, disfrutemos su aroma que el amado Jesús nos dejó amor, libertad y salvación. Solo cree y confía, su amor es eternal.

Gracias por las rosas rojas y su revelación

Te amo Señor